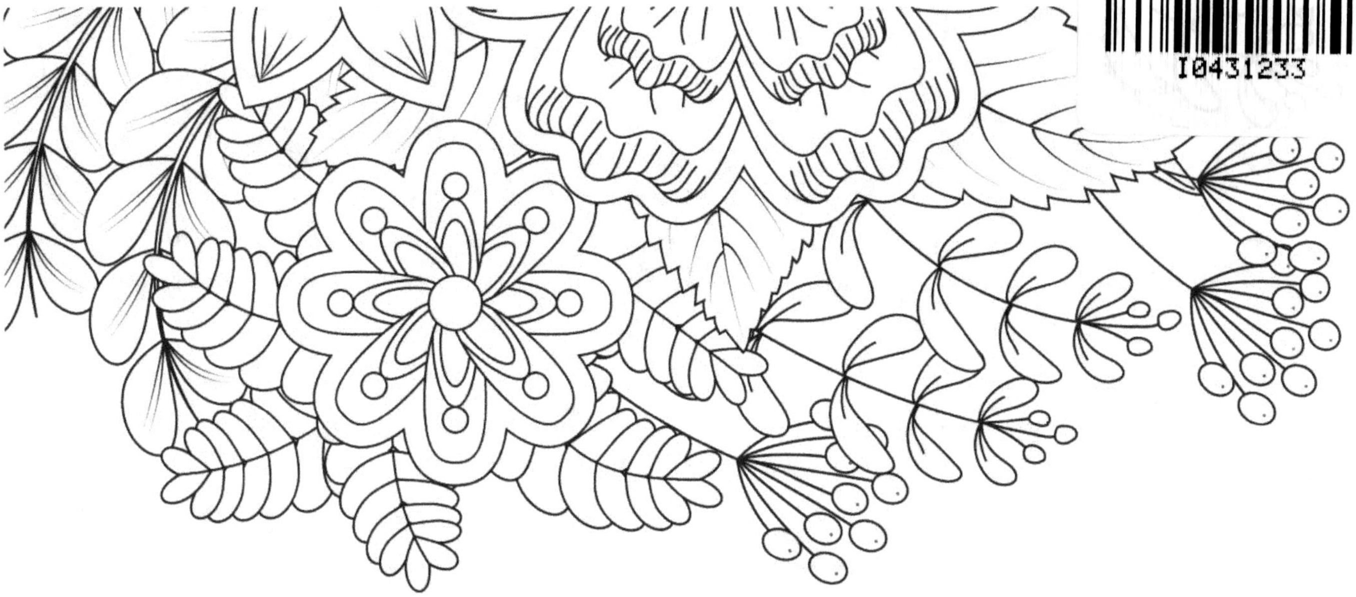

This Book Belongs To :

____

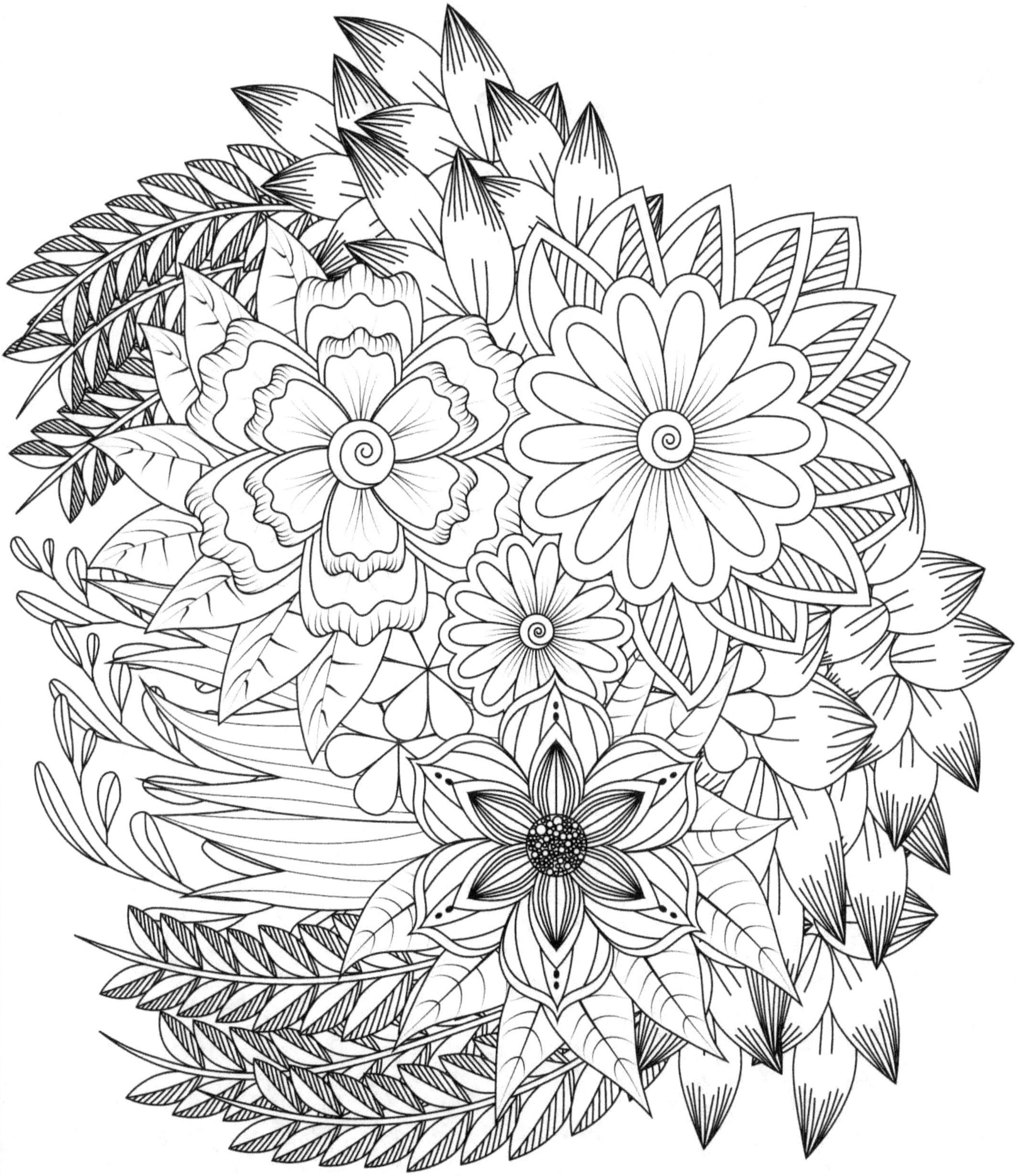

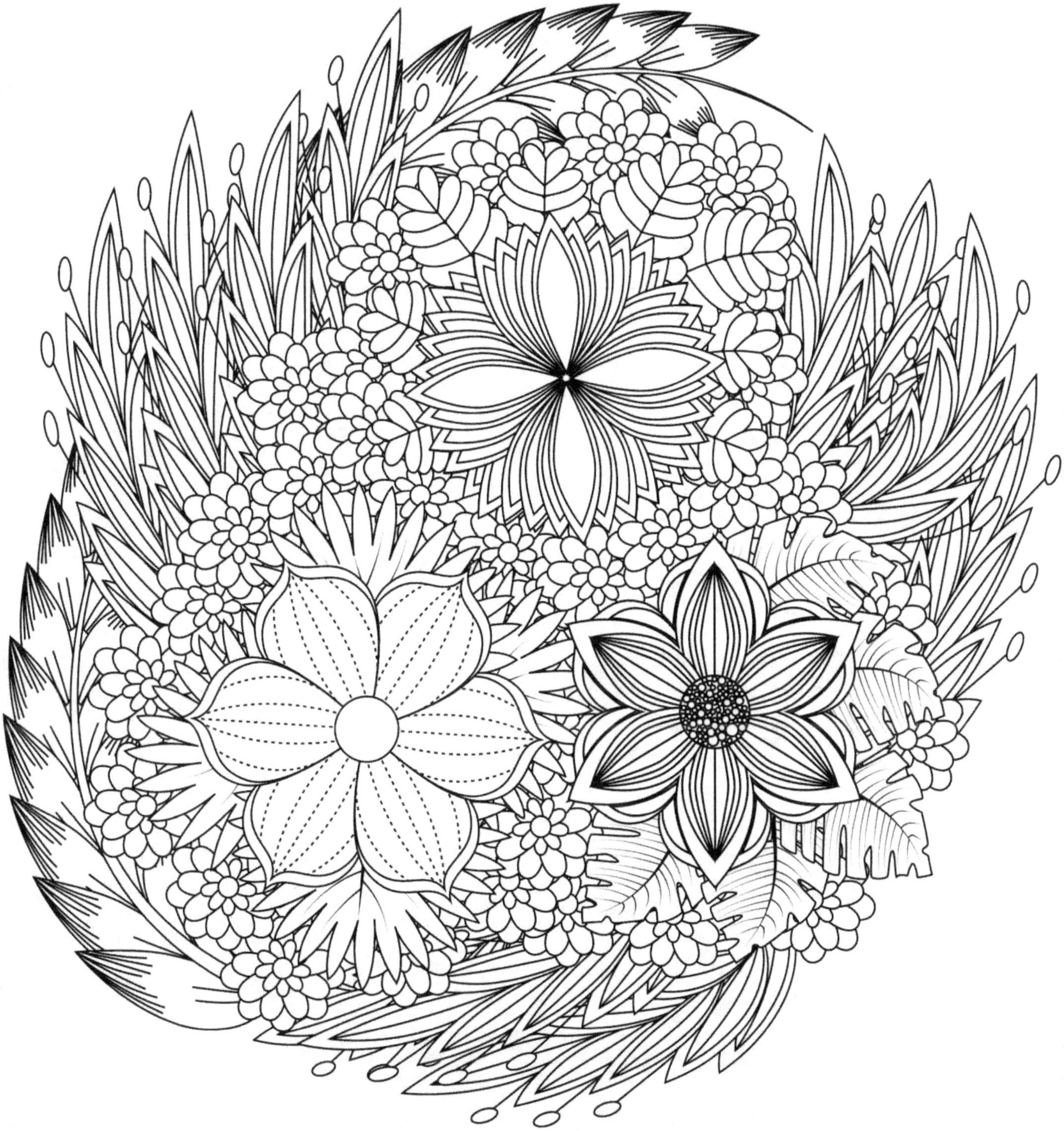

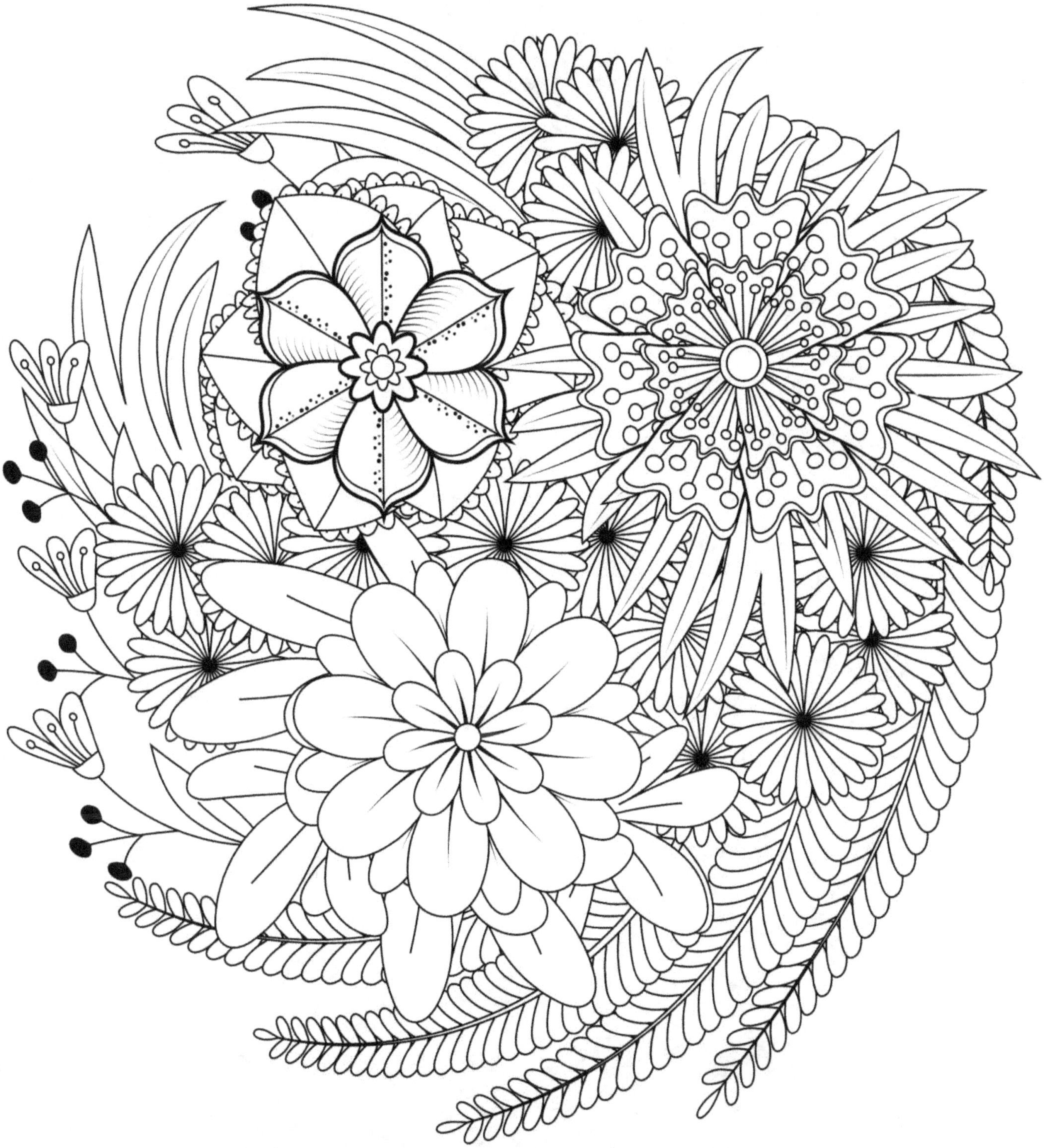

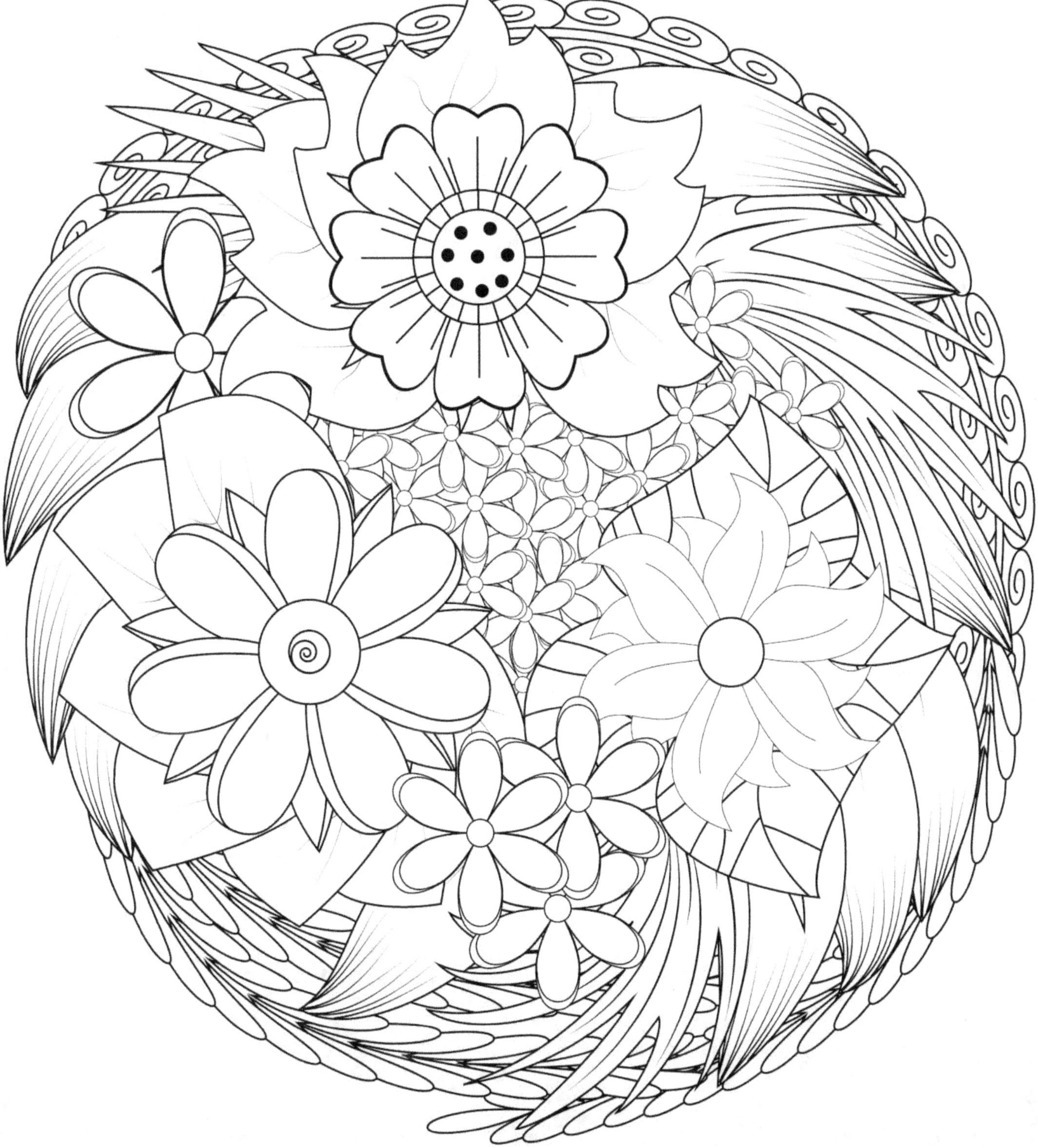

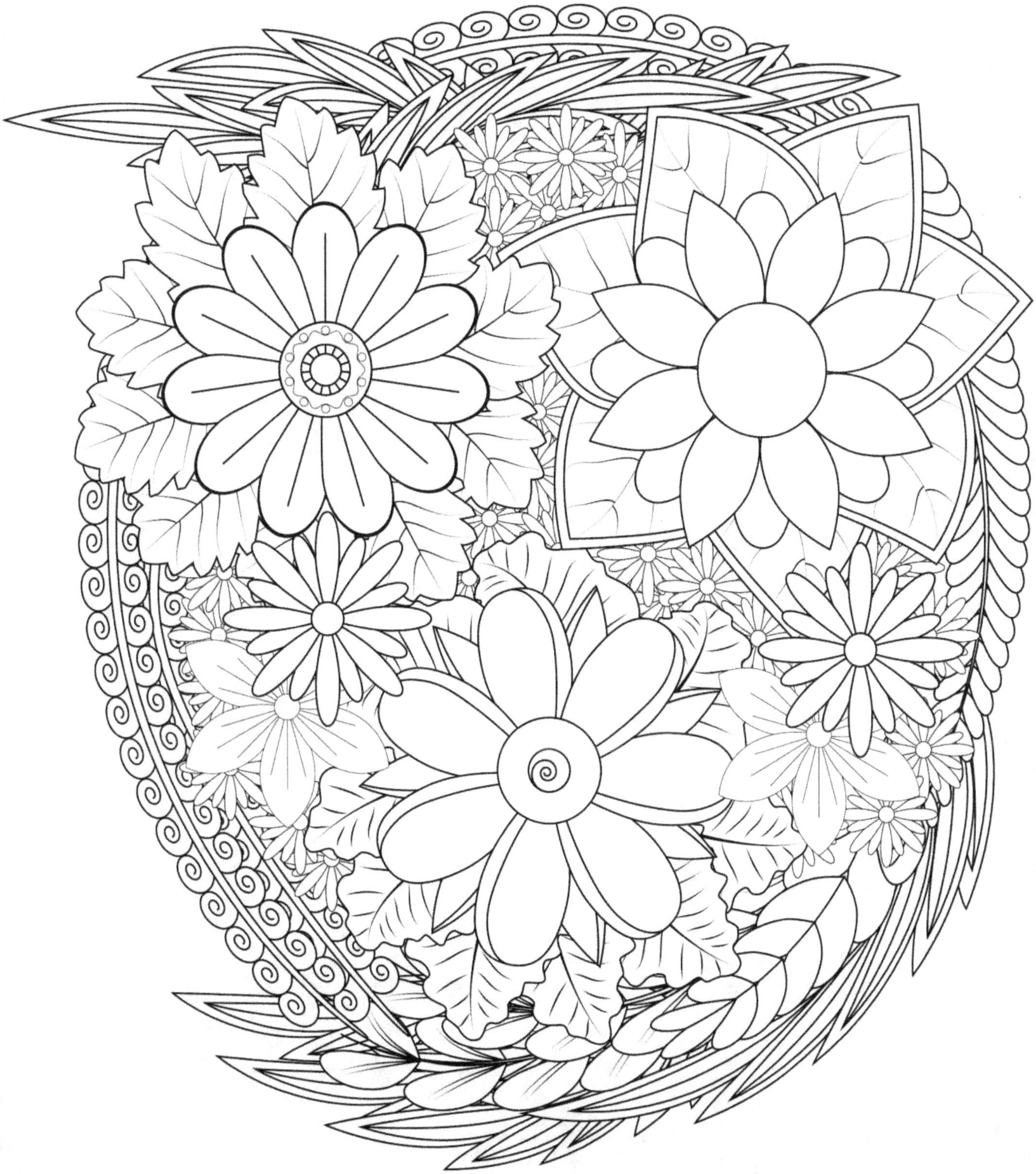

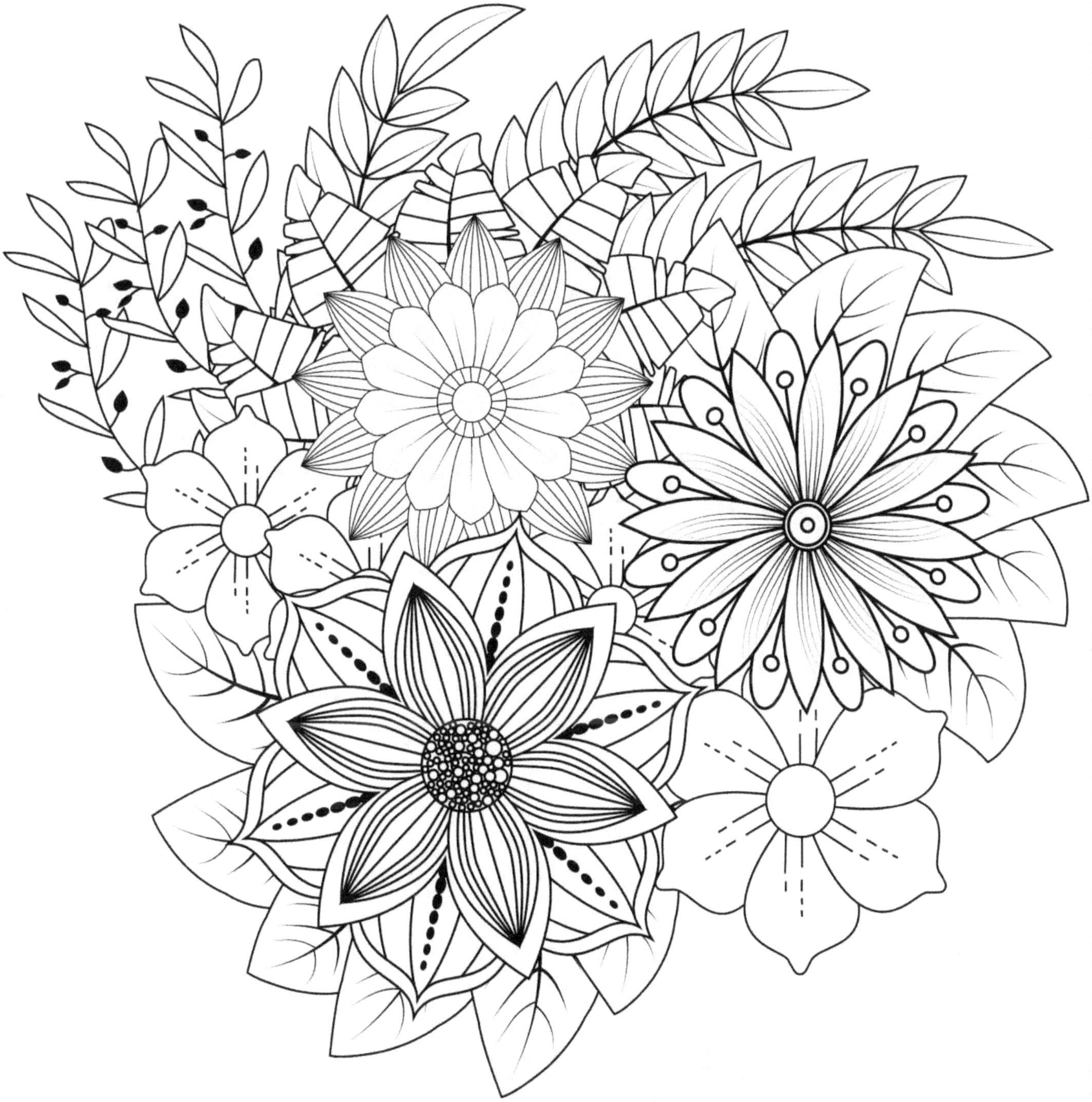

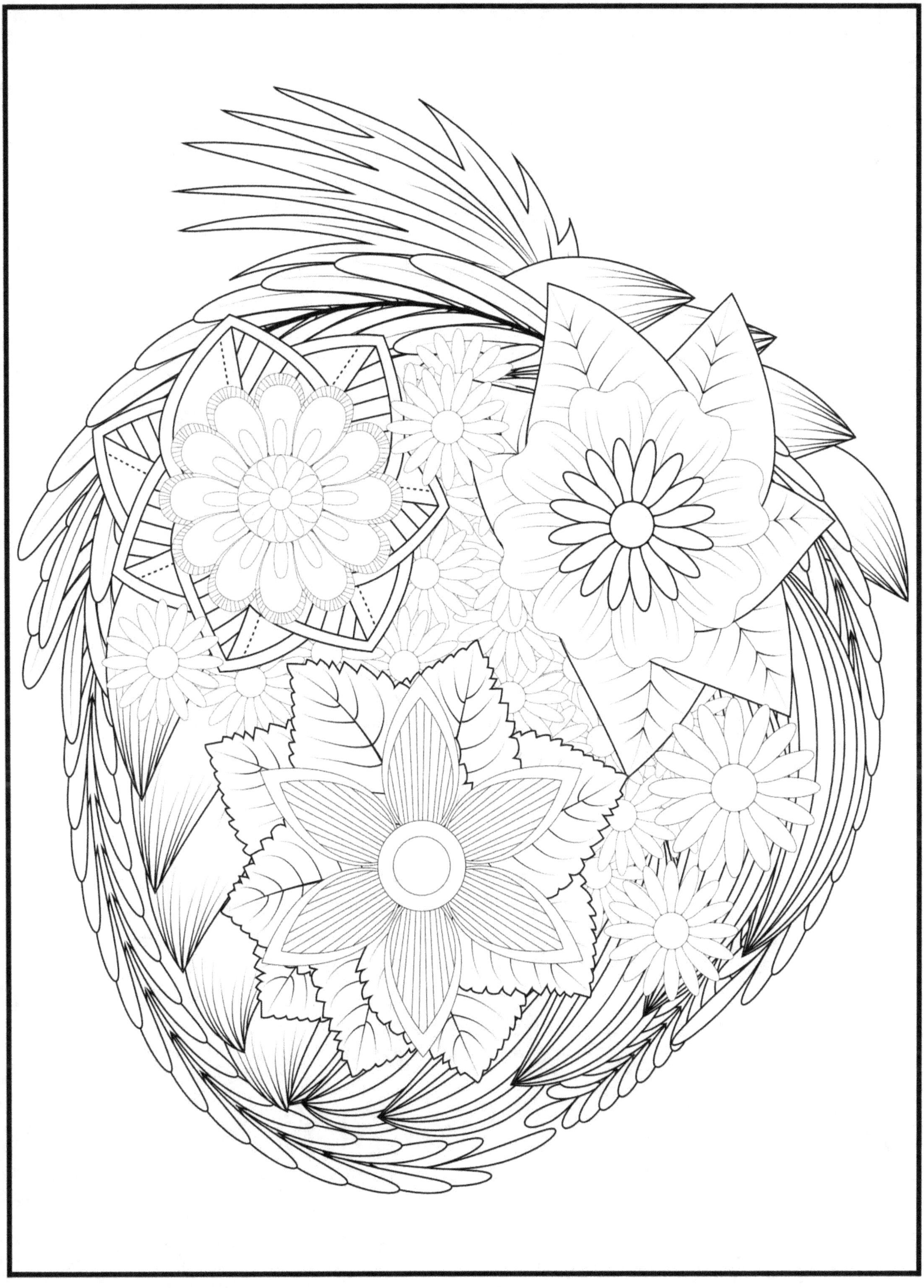

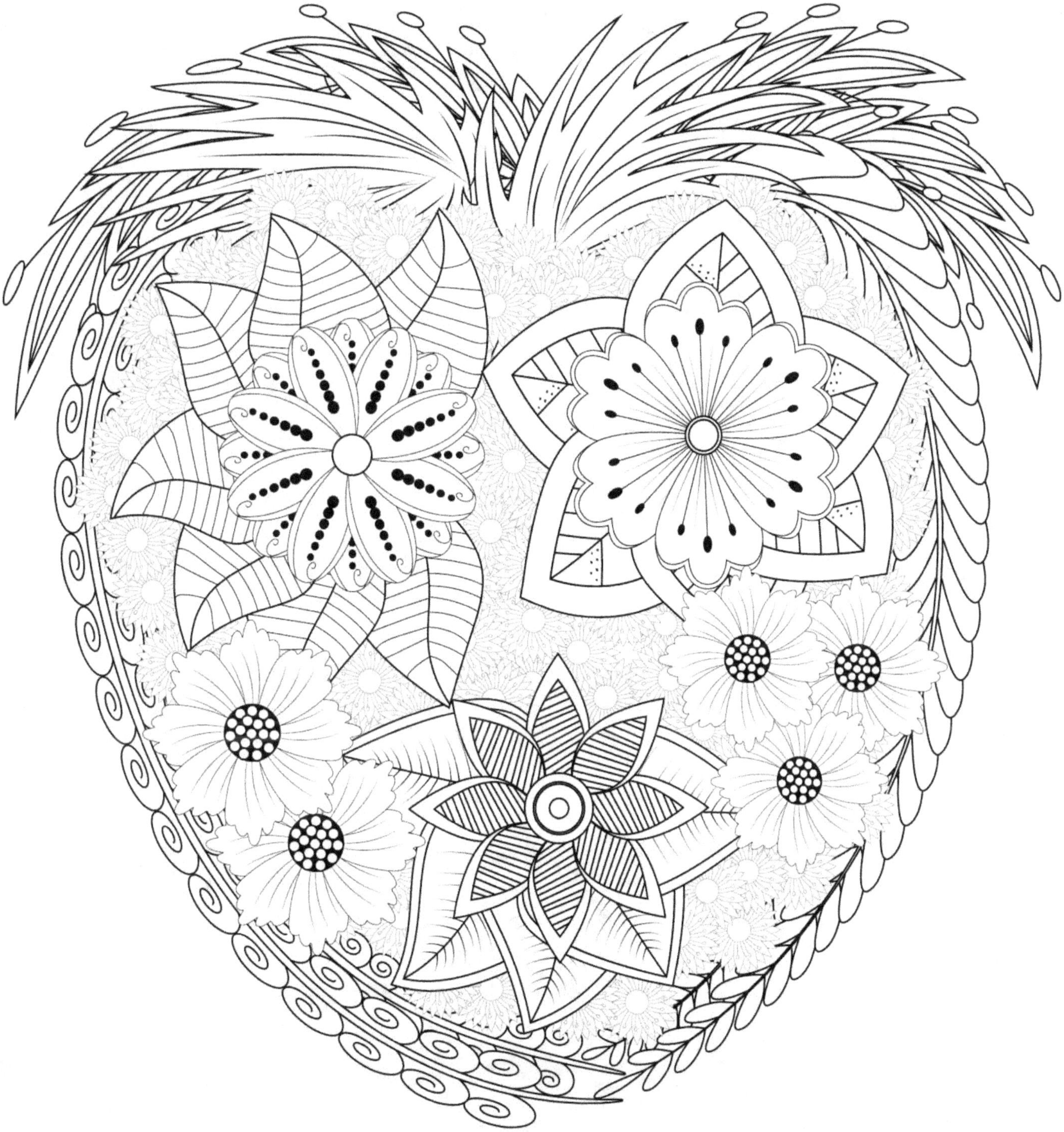

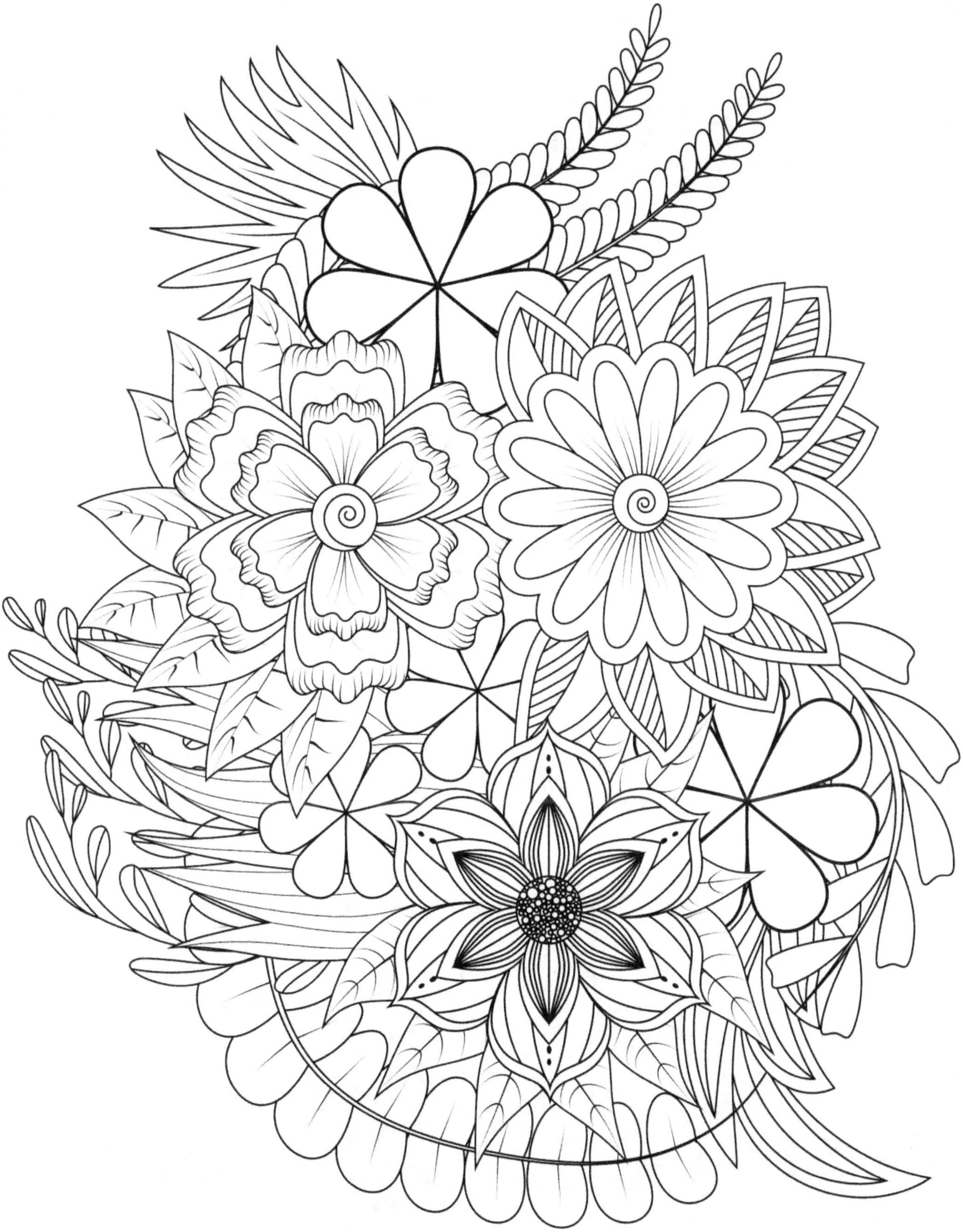

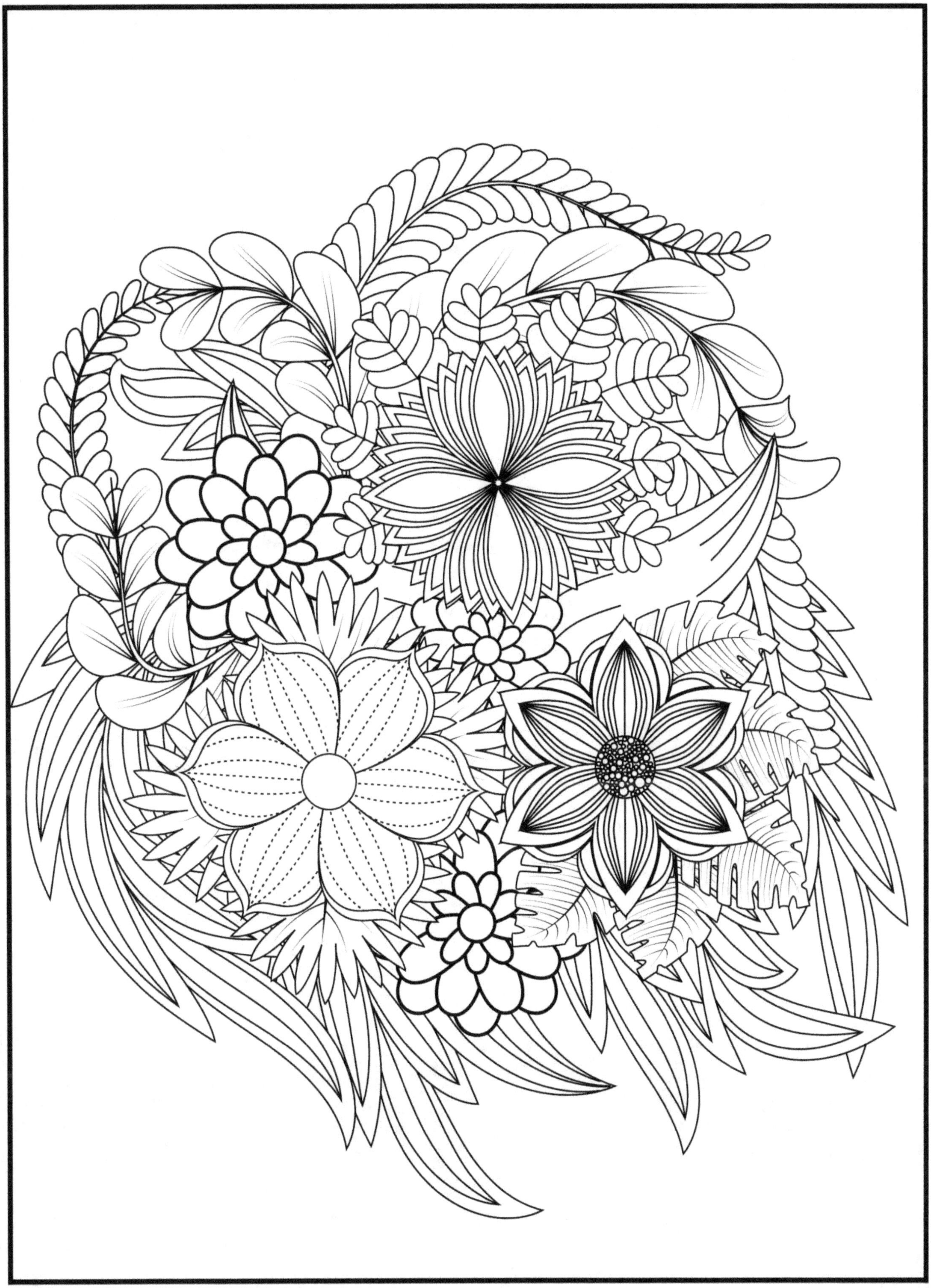

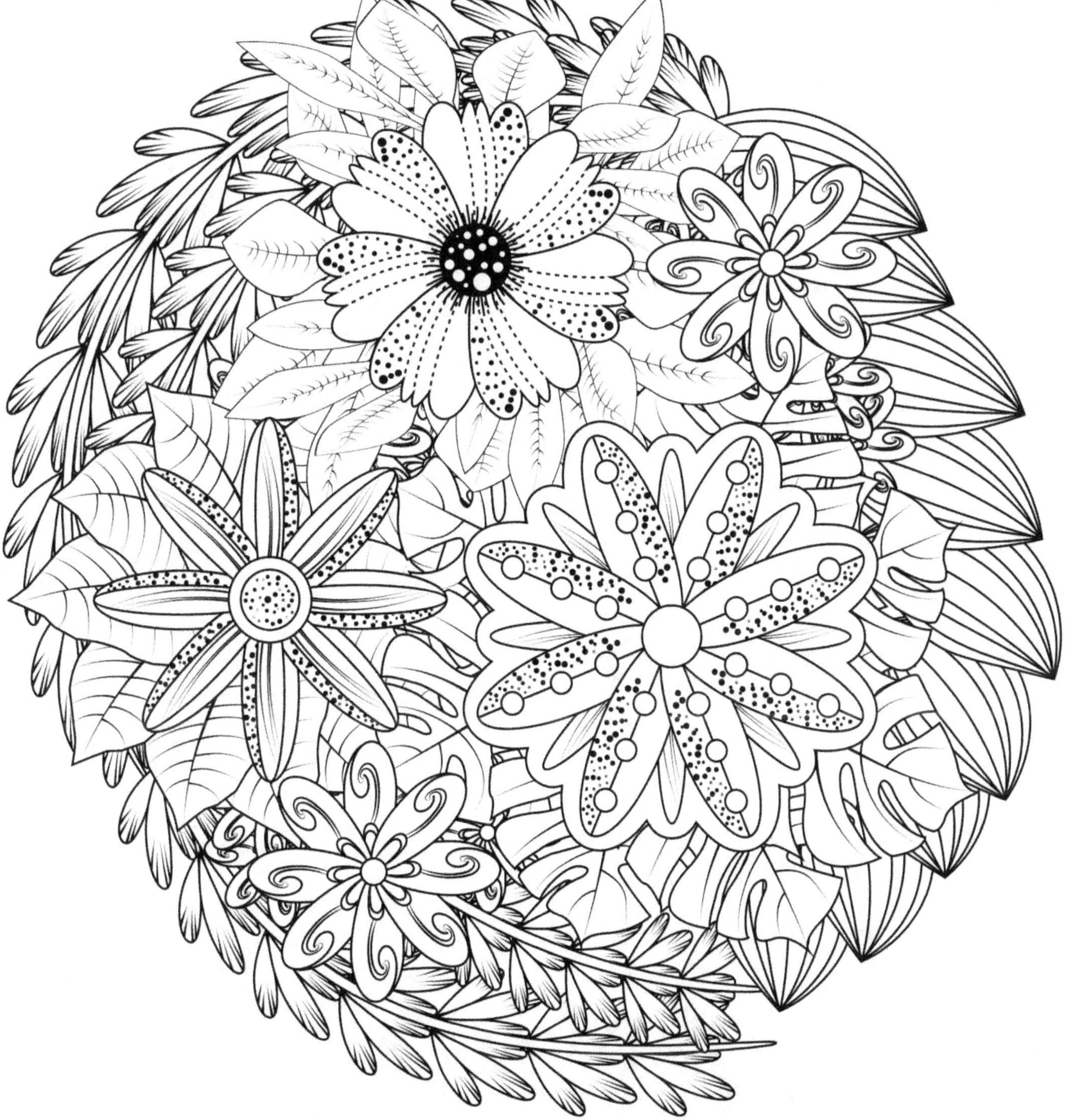

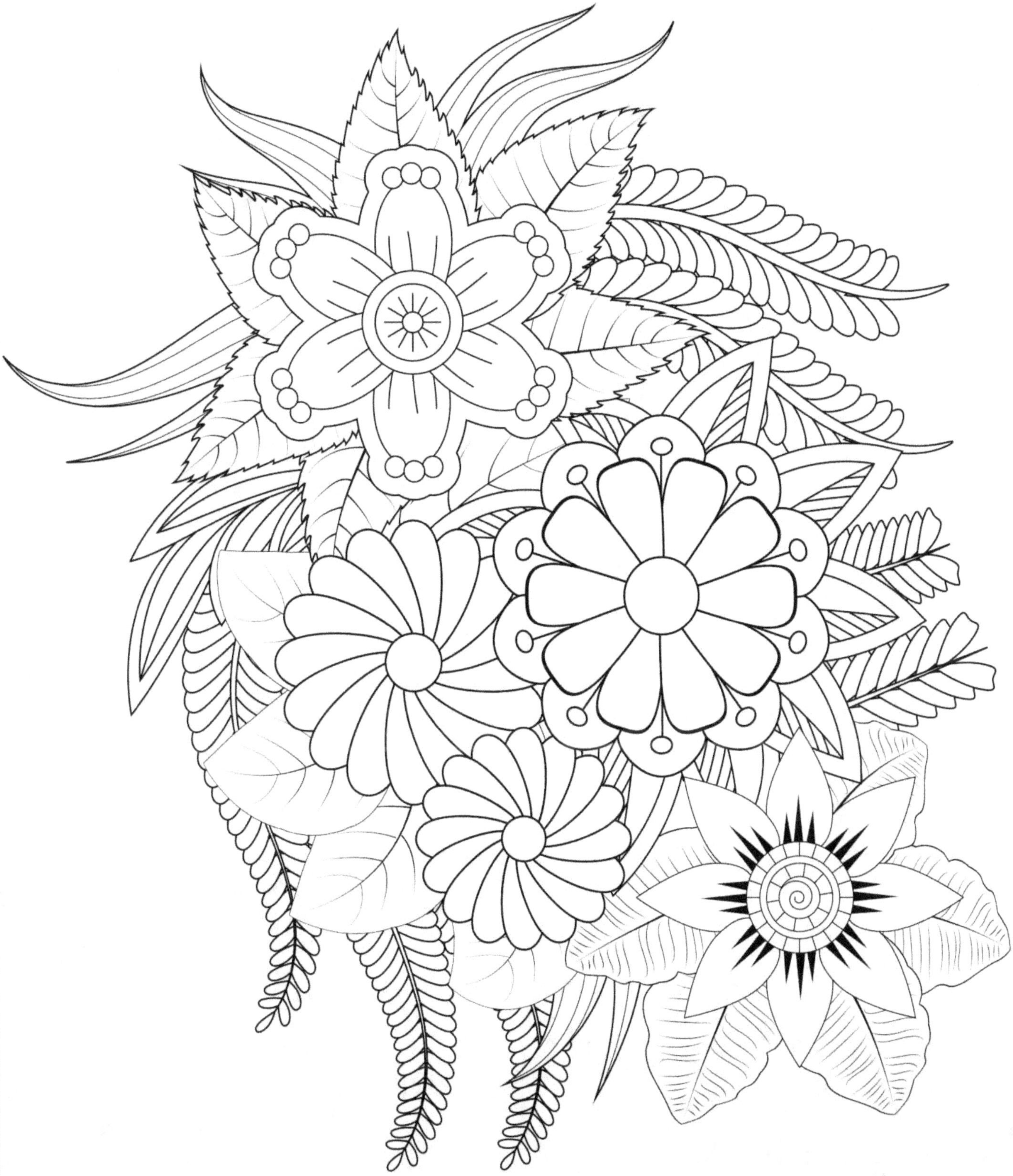

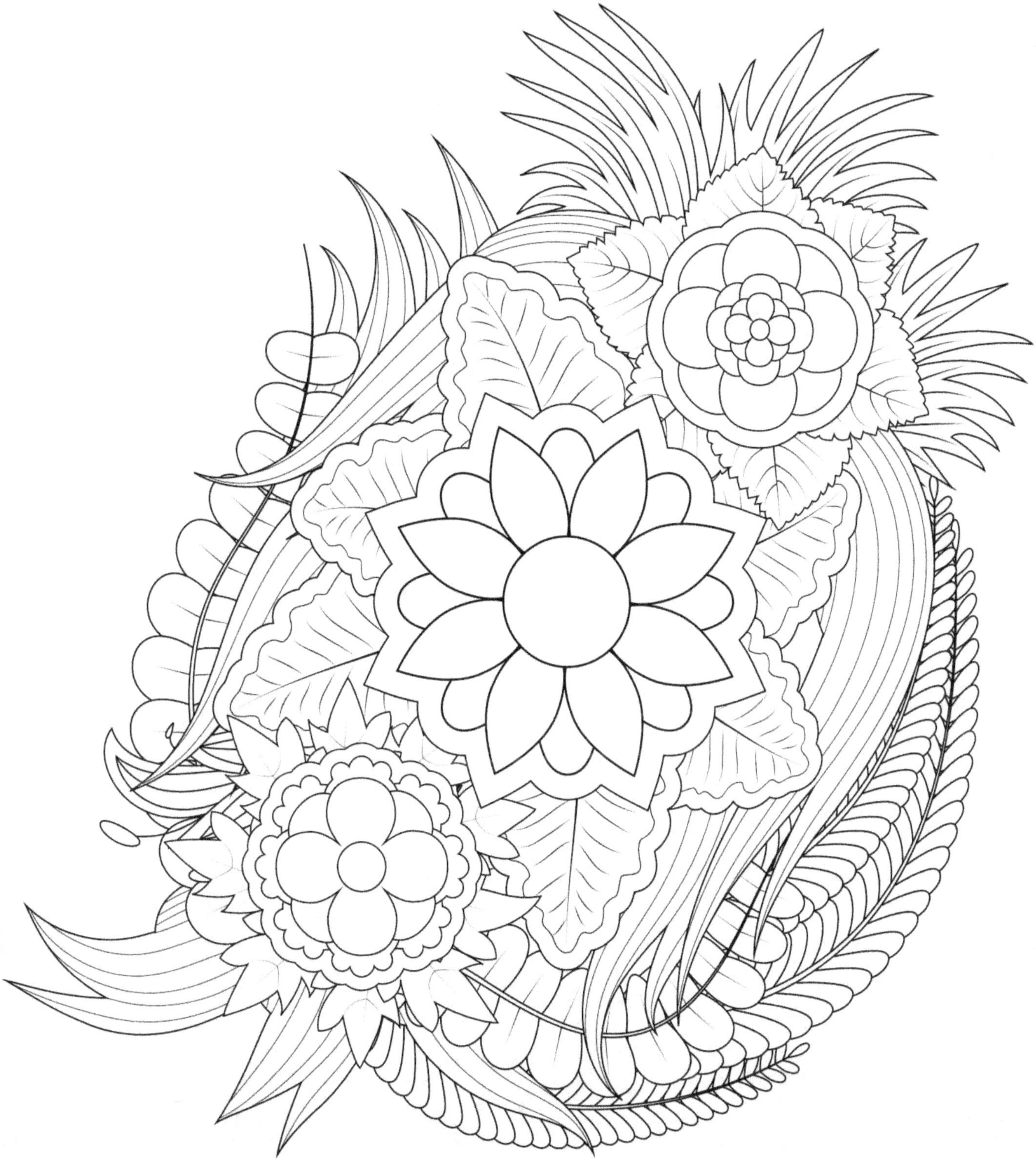

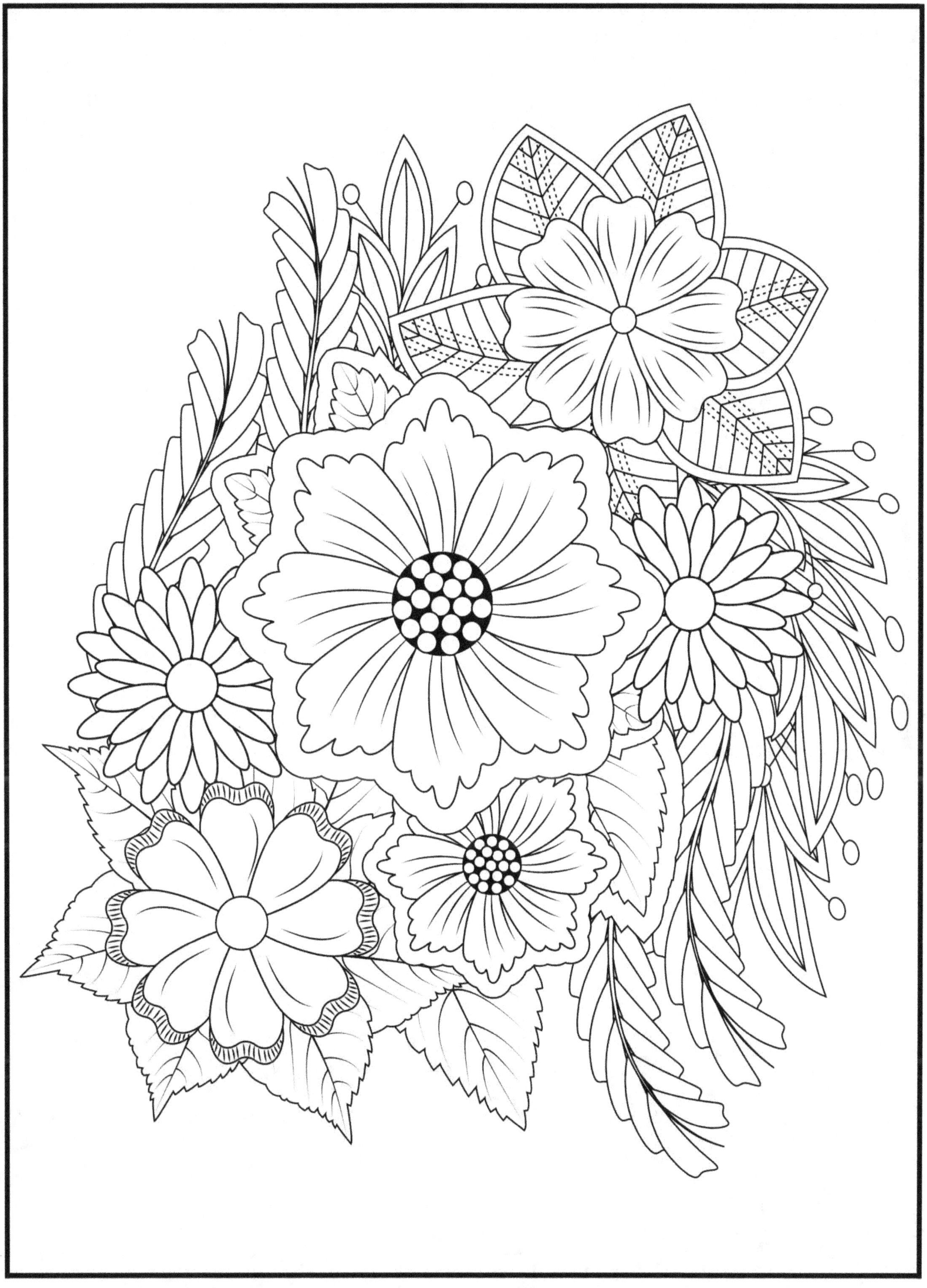

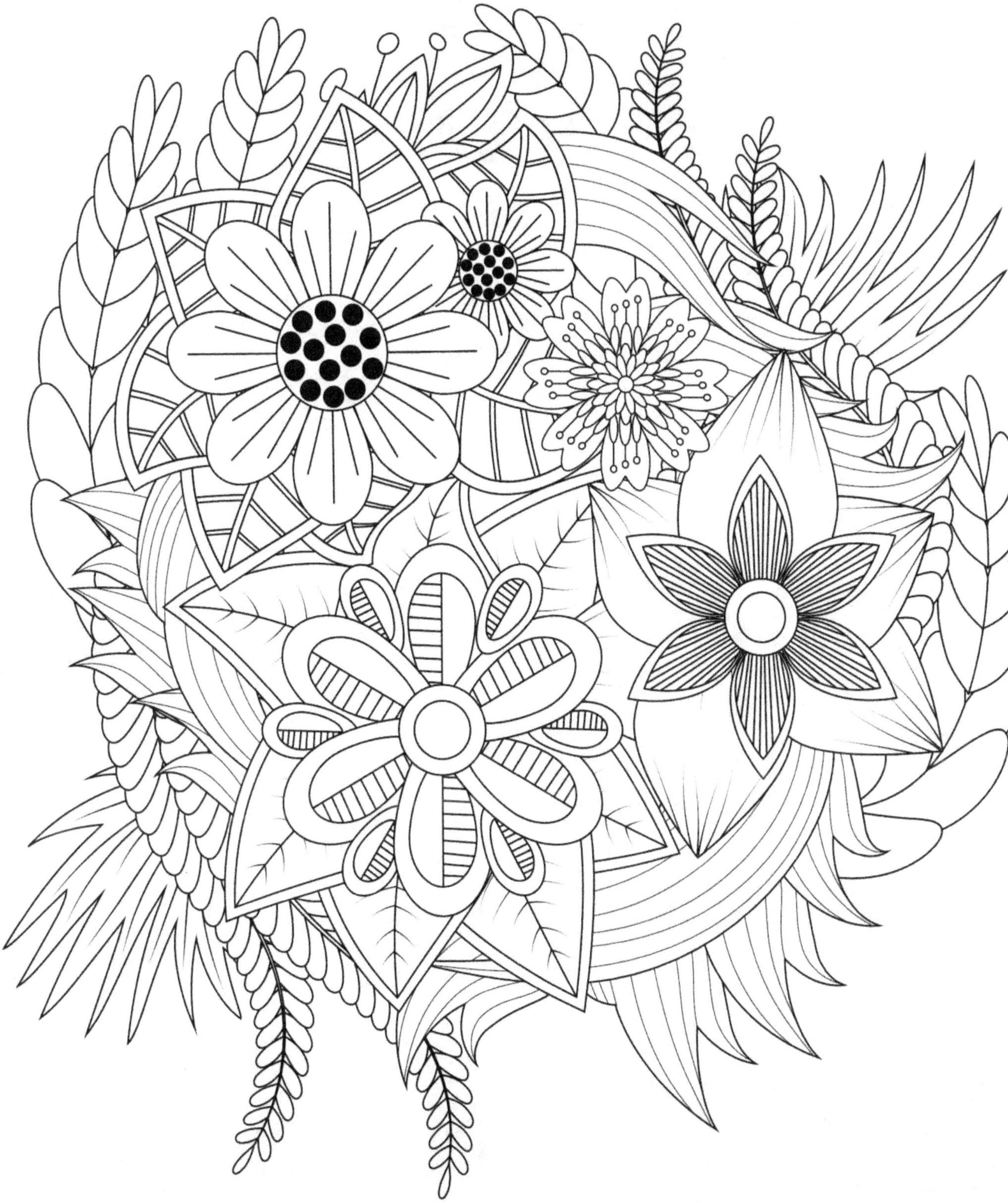

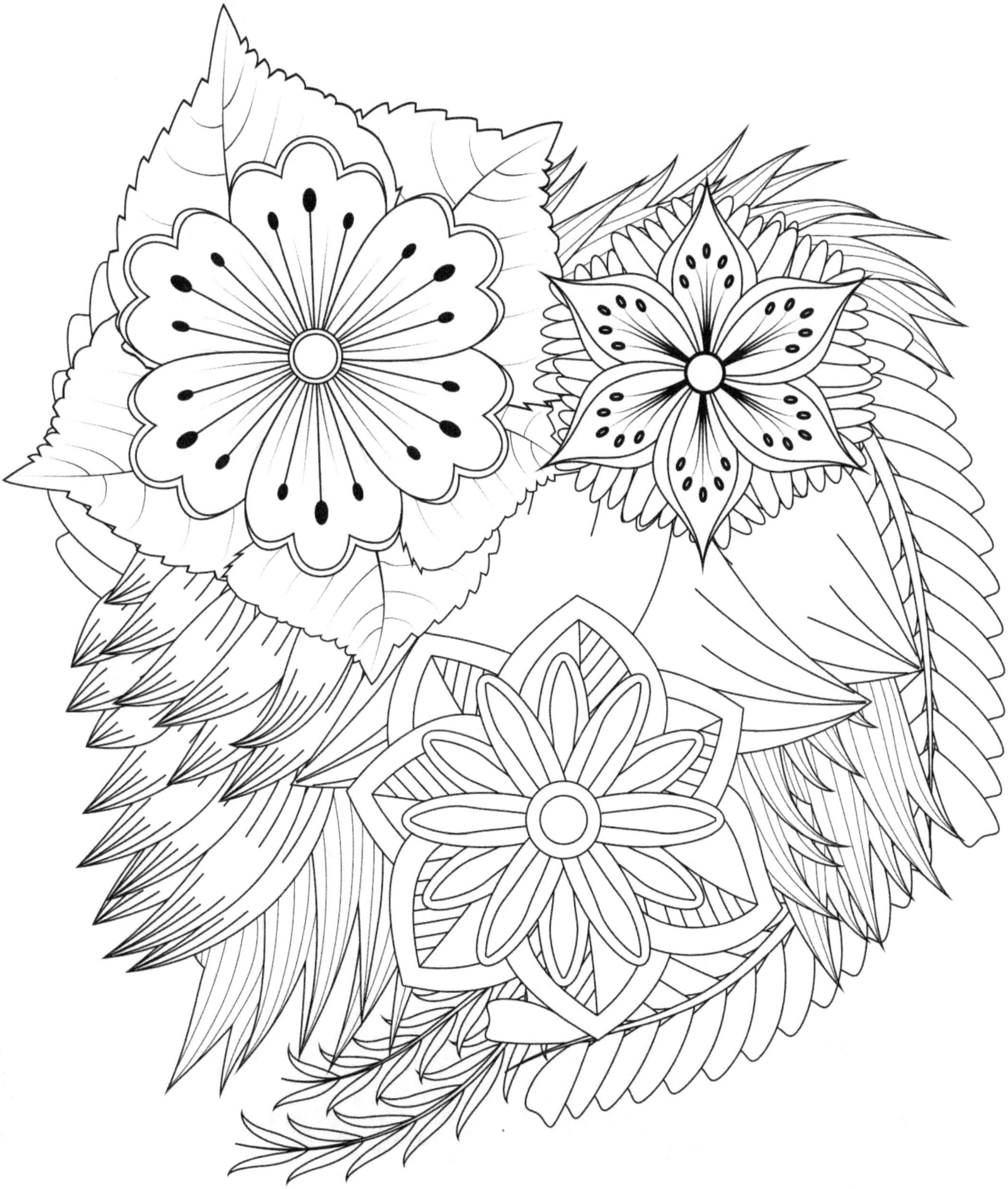

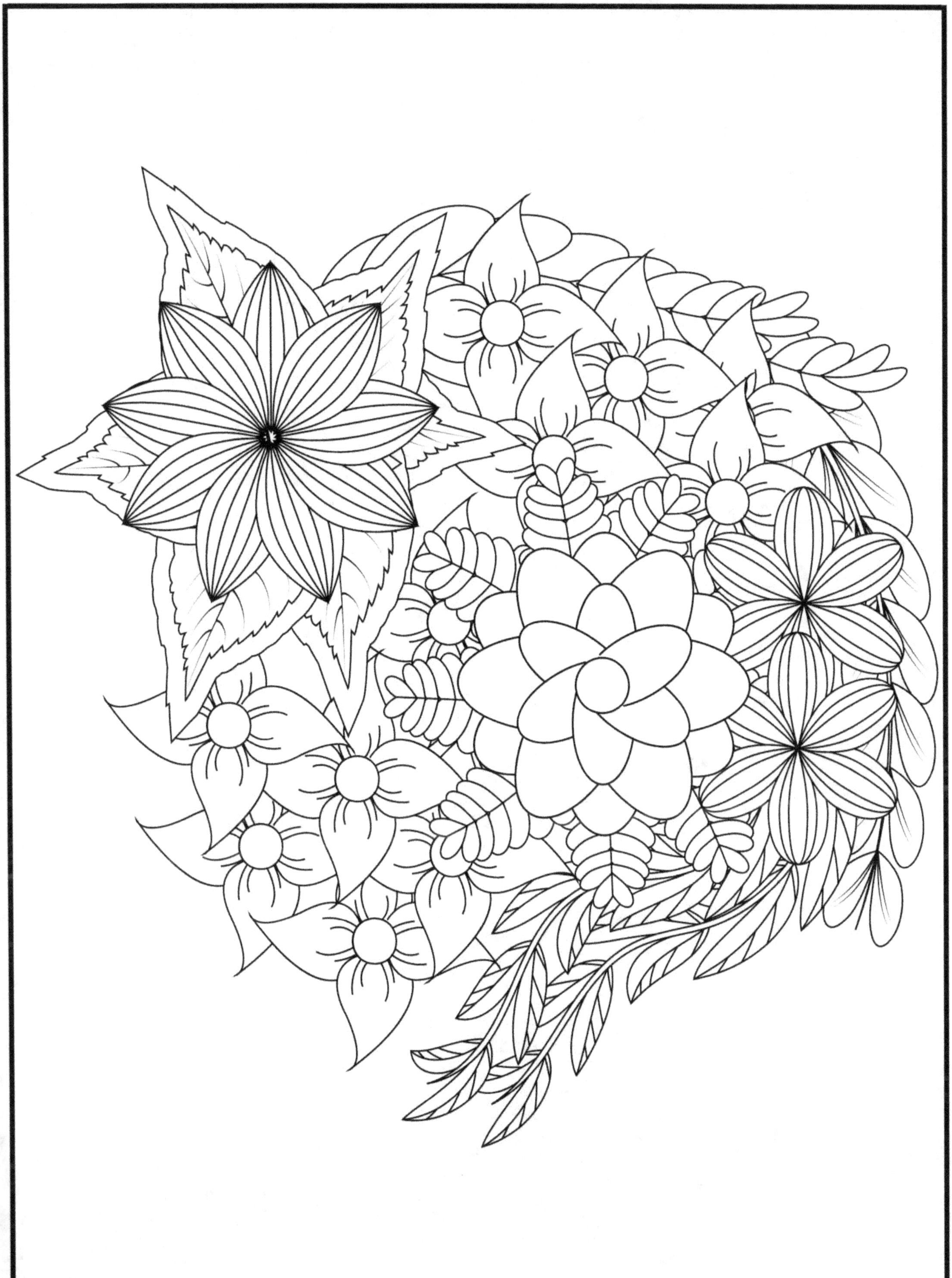

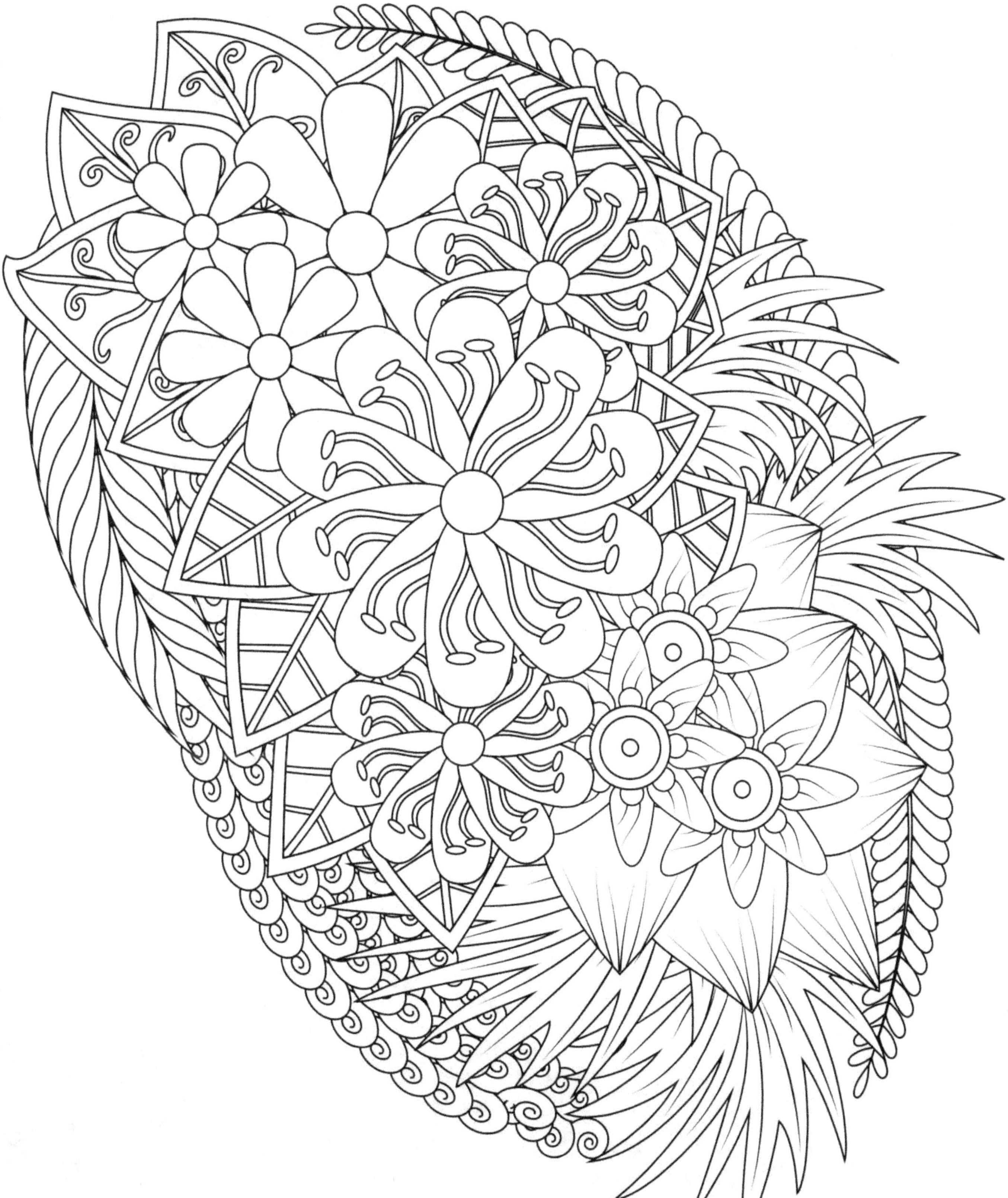

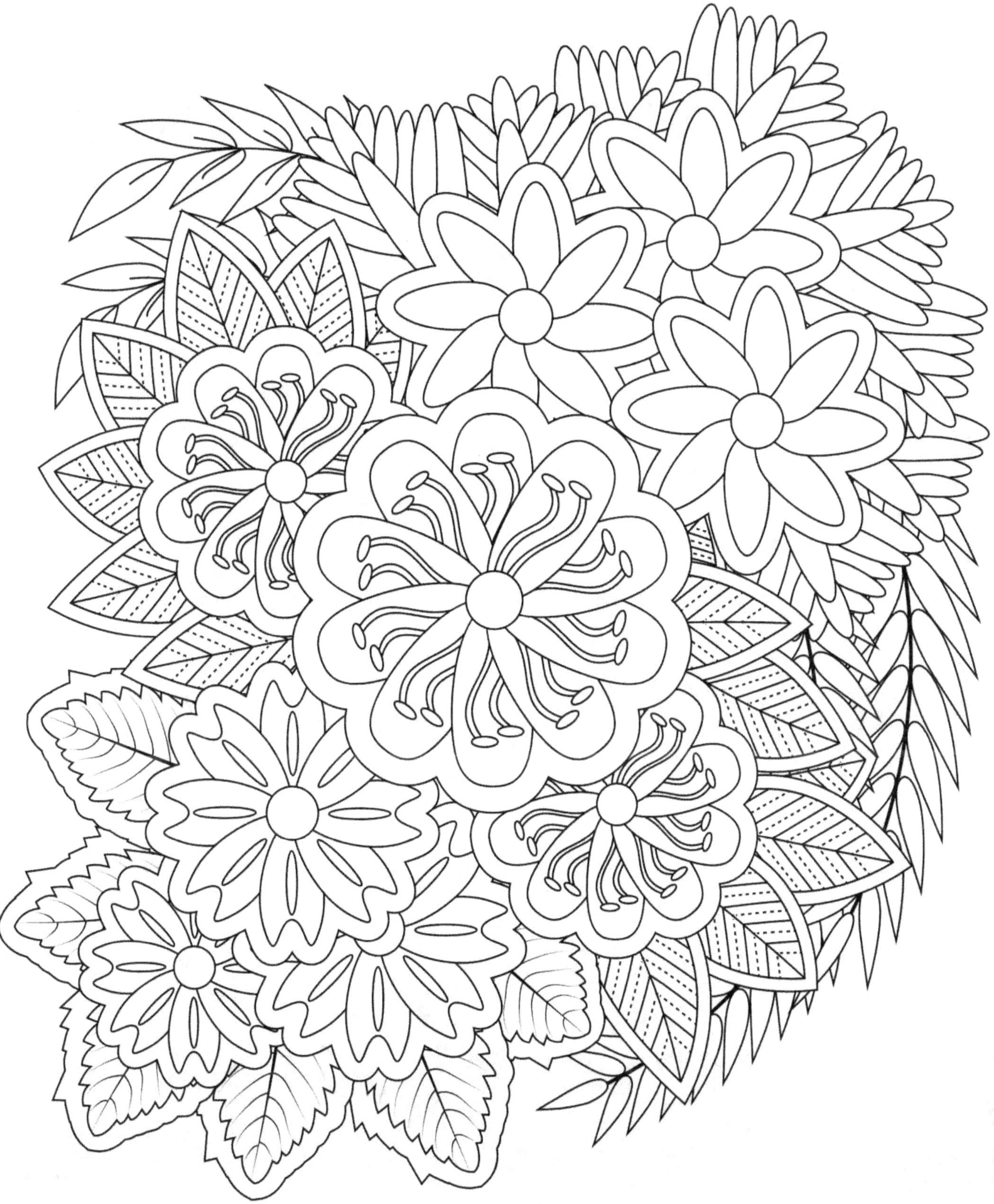

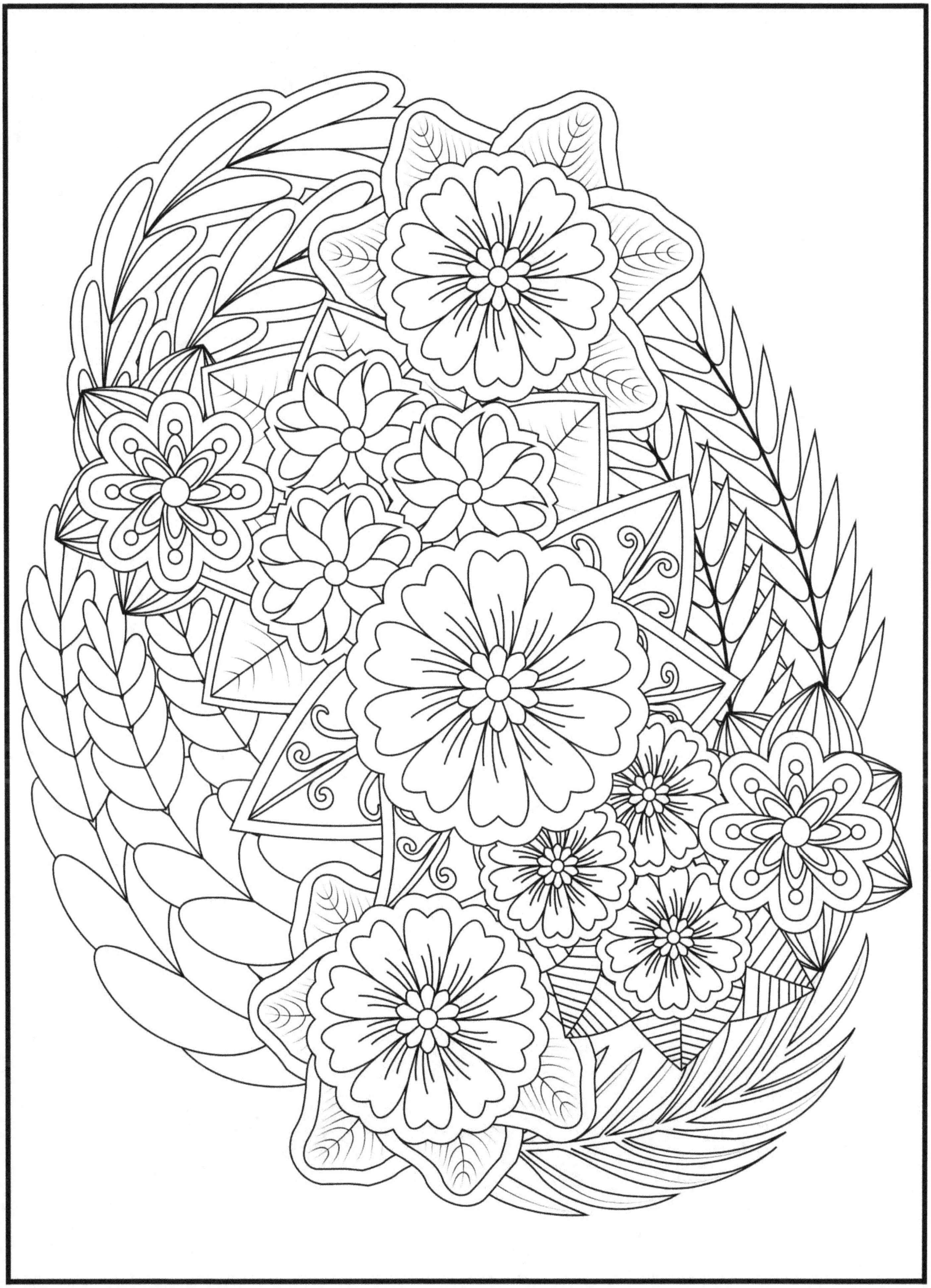

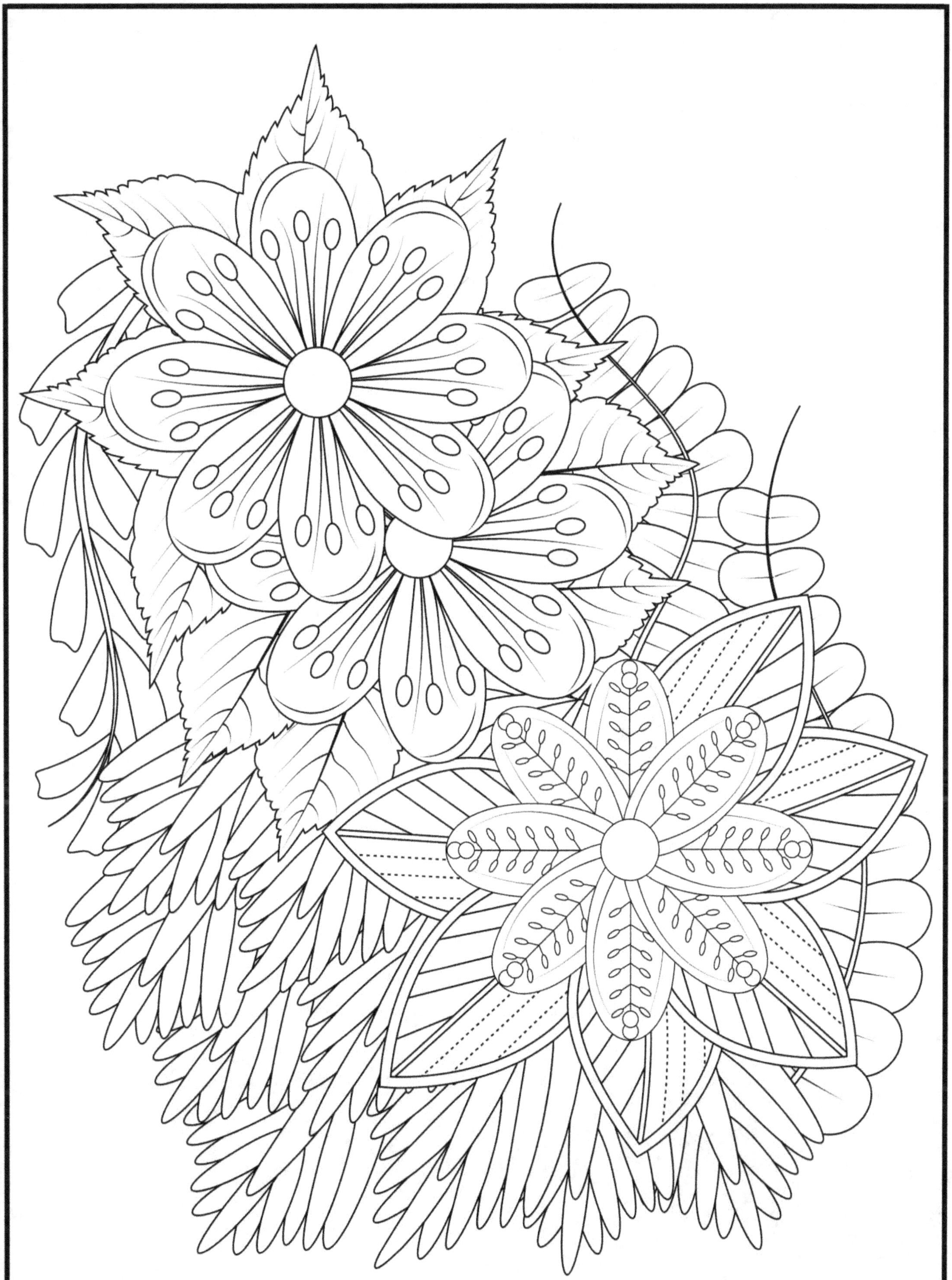

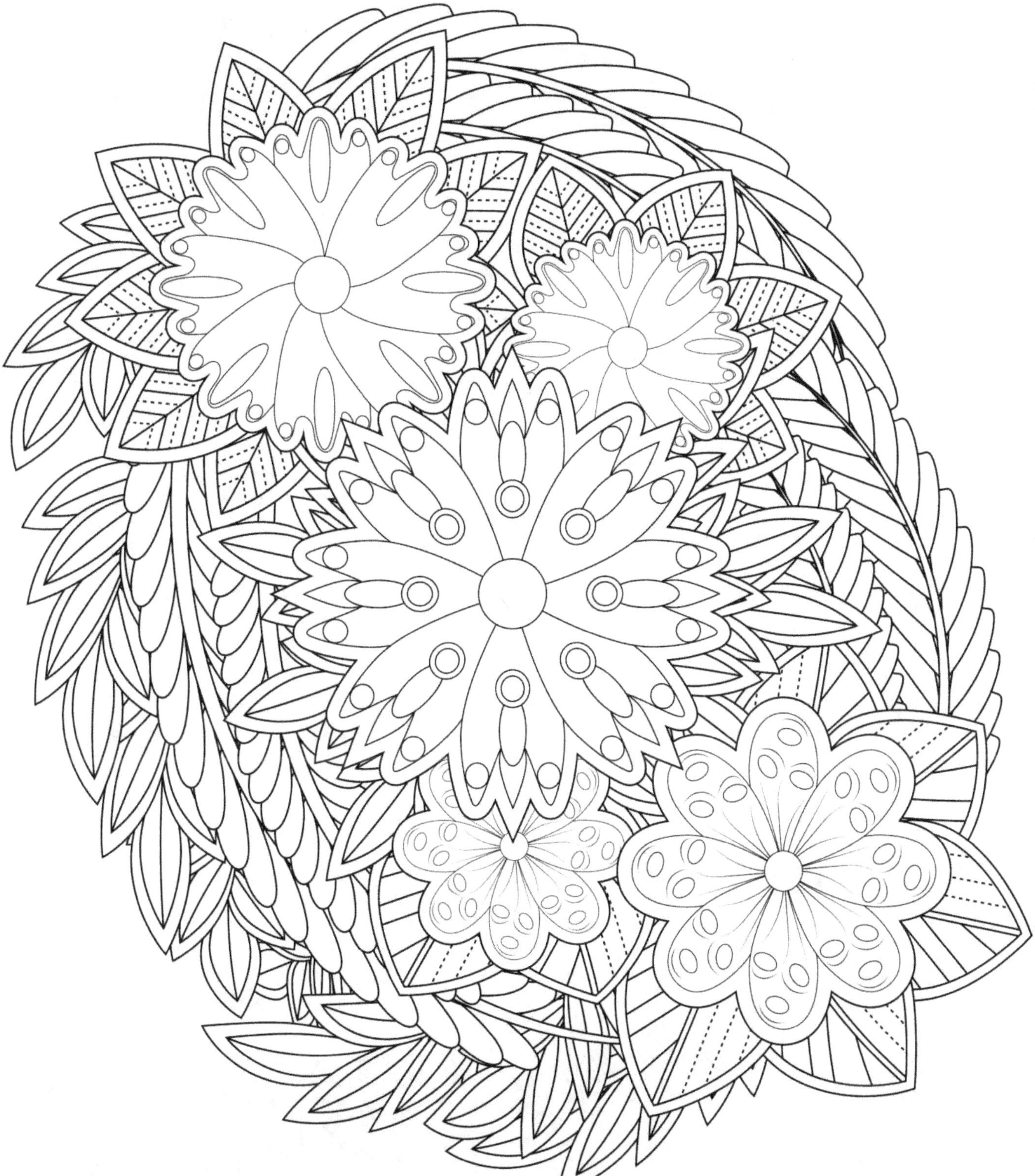

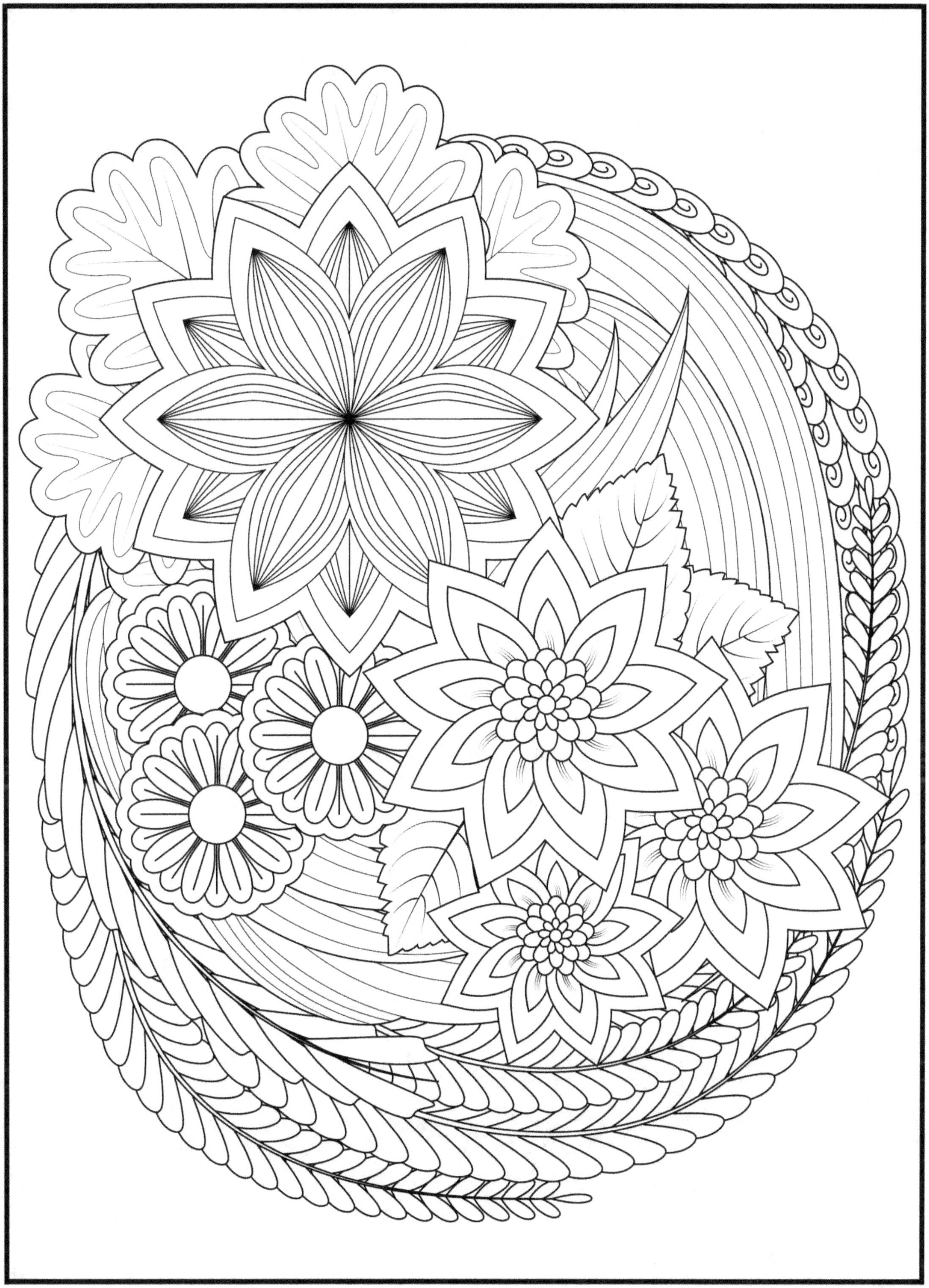

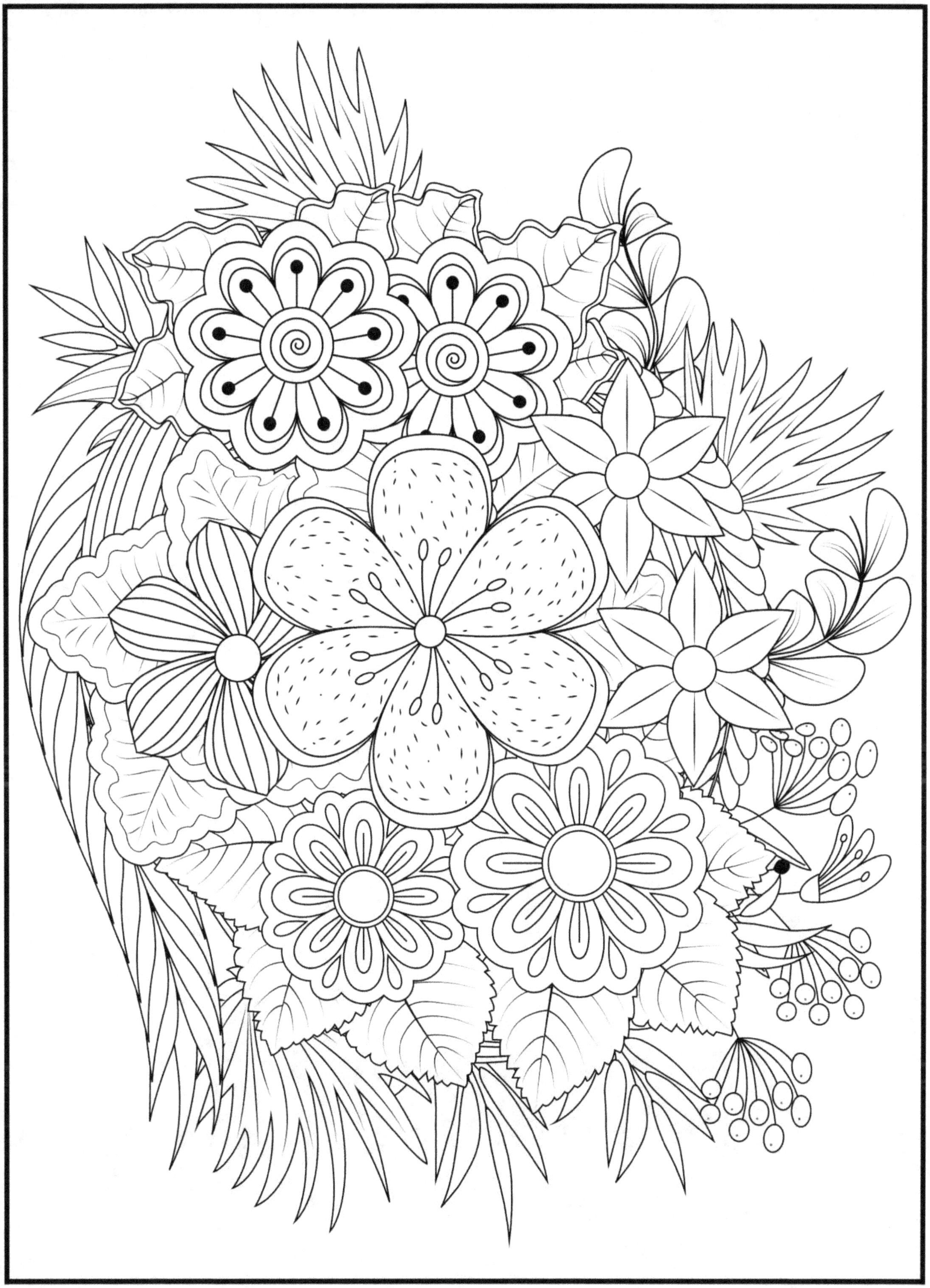

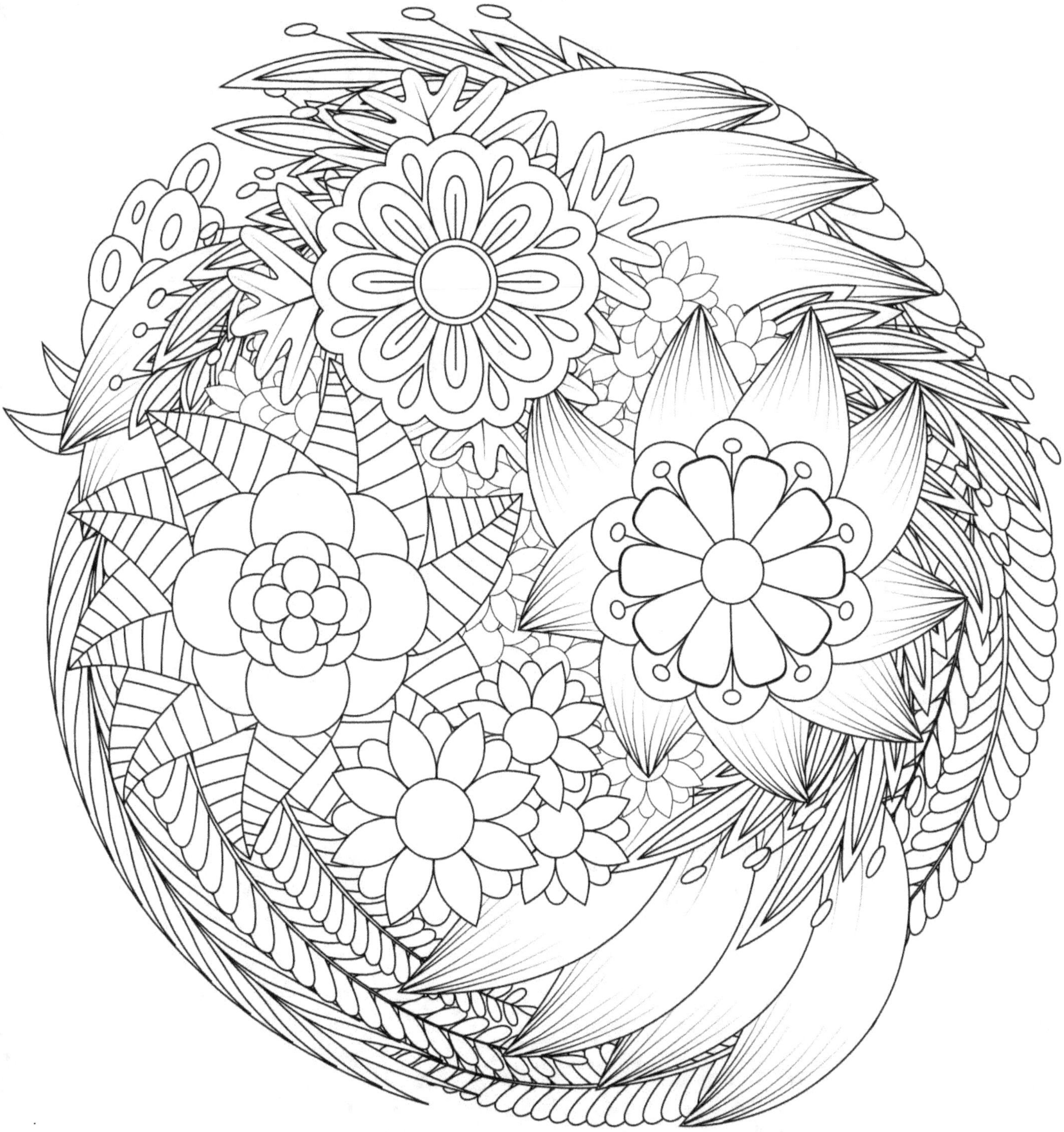

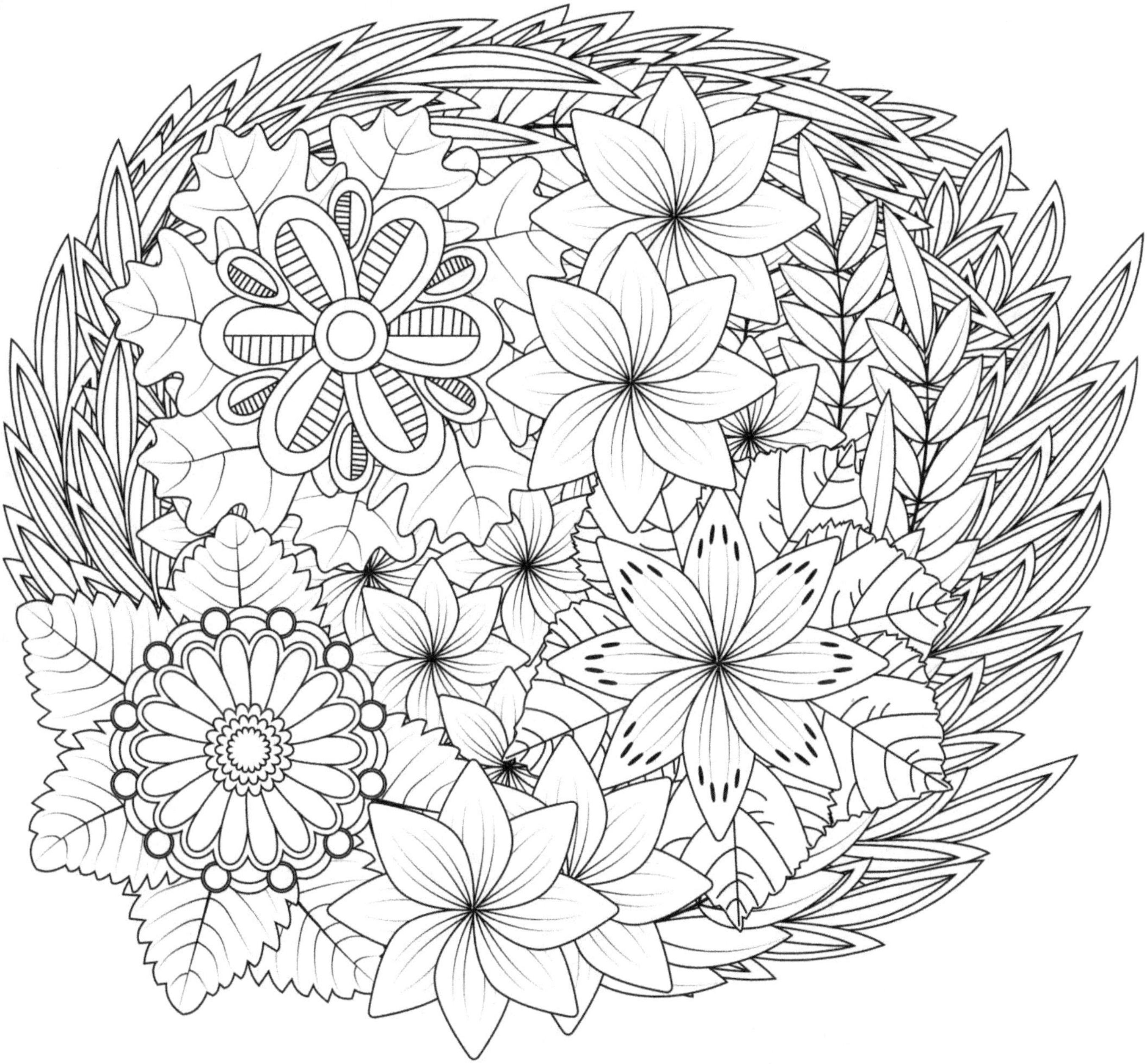

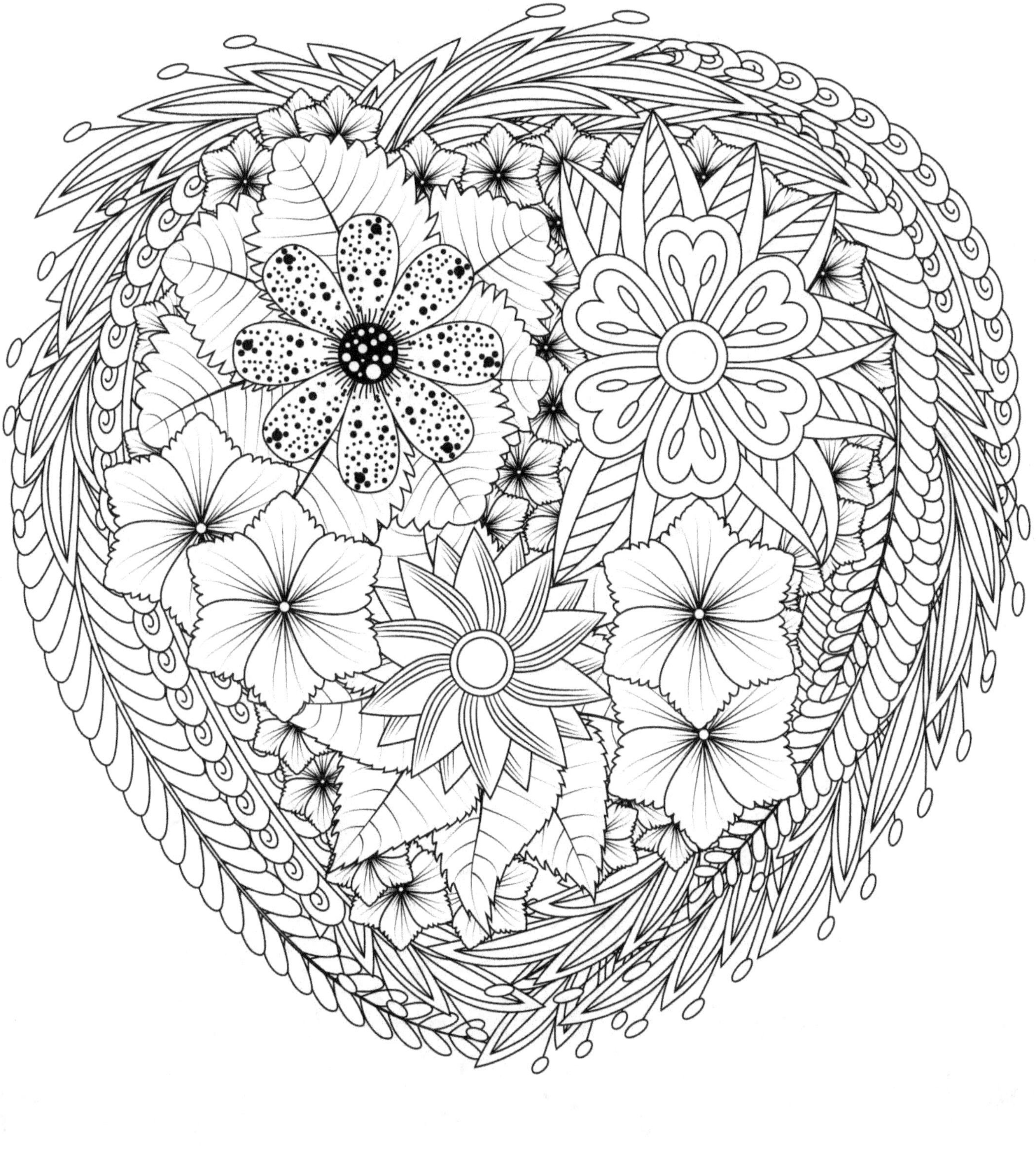

www.ingramcontent.com/pod-product-compliance
Lightning Source LLC
Chambersburg PA
CBHW080222220526
45465CB00020B/3263
* 9 7 9 8 3 7 5 9 5 3 6 0 1 *